FABIO SCHIAVON

LA VENDITA STRATEGICA

Il Ciclo Virtuoso del Venditore
dalla Pianificazione all'Organizzazione e
dall'Azione al Controllo

Titolo

"LA VENDITA STRATEGICA"

Autore

Fabio Schiavon

Editore

Bruno Editore

Sito internet

http://www.brunoeditore.it

Sommario

Introduzione

Se hai acquistato questo manuale significa che sei o vuoi diventare un venditore. Ma chi è il venditore?

Tu sei professionalmente collocato tra i produttori di beni e servizi e il mercato e, in questa posizione, puoi essere considerato come una puleggia fondamentale per il complesso ingranaggio che produce il profitto per le aziende produttrici e la soddisfazione delle esigenze della clientela.

Come puoi comprendere, essere in questa posizione, oltre a una buona dose di responsabilità, prevede anche la necessità inderogabile di una preparazione professionale sempre più elevata, e sai perché? Perché l'affollamento dell'offerta in ogni mercato, congiuntamente alla maggior facilità di acquisire informazioni da parte dei clienti consumatori, ci obbliga a essere sempre più preparati per conquistare il cliente.

In questa realtà, le aziende sono state stimolate a investire importanti risorse finanziarie nella formazione e nell'addestramento della forza vendita, per facilitare il raggiungimento degli obiettivi commerciali.

Quando però arrivano ciclici i periodi di crisi o, peggio ancora, crisi strutturali di ordine globale, come quella che ha colpito le più grandi economie negli ultimi tempi, inevitabilmente arrivano anche i tagli alle risorse destinate alla formazione e alle provvigioni, assieme alla riduzione dei benefit: in sostanza arriva il ridimensionamento dei tuoi introiti!

Nei tempi che stiamo vivendo si sta infatti ampliando sempre di più la forbice tra la fondamentale importanza della tua professione e la tua remunerazione, tra la tua professionalità e i budget di vendita sempre più elevati che ti vengono assegnati.

Cosa fare e come fare, allora, per avere successo nella tua professione oggi? Cosa e come fare per guadagnare bene con piena soddisfazione?

Devi conquistare e mantenere un elevato e costante livello di **efficienza** ed **efficacia** del tuo lavoro, devi, cioè, monitorare e agire in continuazione per la sicura convenienza di ogni tua attività quotidiana.

Solo così, in un mercato generale dove la competitività, a ogni livello, è sempre più agguerrita, puoi mantenere i tuoi redditi e puntare concretamente a un loro incremento.

Questo manuale ti aiuterà proprio a fare questo, leggilo con attenzione, soffermati su ogni capitolo il tempo necessario per acquisire il metodo, studialo e poi applica subito quanto ti suggerisco, in qualunque settore tu stia vendendo adesso. Se farai da subito quanto ti indico balzerai con un grande passo avanti verso il tuo successo, attraverso *La vendita strategica.*

Buona lettura e buone vendite!

Fabio Schiavon

CAPITOLO 1:
Come elaborare obiettivi *ad hoc*

Quando parliamo di *obiettivo* spesso non sappiamo esattamente a cosa ci riferiamo. Frequentemente, infatti, questo termine viene confuso con il termine *aspirazione* che, però, non ha lo stesso significato.

Se con la parola *aspirazione* si intende qualcosa di indefinito che ci piacerebbe essere, avere o diventare, con la parola *obiettivo* si intende, invece, qualcosa di ben definito, che riusciamo a individuare e quantificare in modo chiaro, netto e preciso e che sappiamo con certezza di poter raggiungere.

SEGRETO n. 1: gli obiettivi sono le mete alle quali so di poter arrivare in un dato tempo, grazie alle risorse che possiedo.

«L'anno prossimo voglio avere più successo!» È un'aspirazione o un obiettivo? «L'anno prossimo voglio fare più vendite di quest'anno!» È un'aspirazione o un obiettivo? Sono aspirazioni! Desideri, intenzioni! Lecite, importanti, posso dire fondamentali a livello automotivazionale, ma non sono obiettivi.

Nella nostra vita, infatti, otteniamo quello che abbiamo perché siamo mossi *in primis* dai desideri, ed è fondamentale per ogni essere umano avere dei desideri, renderli vivi come se fossero già stati raggiunti e ricordarli sempre. Molti di noi li scrivono e appendono biglietti con i loro desideri in luoghi dove li possono leggere di continuo e questo è un metodo efficacissimo per dare vita alla spinta al fare, al perché, alla motivazione.

Perché alzarmi ogni mattina, partire con ogni condizione climatica, che stia bene o che sia ammalato? Semplice: perché sono mosso da una forte motivazione che nasce e cresce dai miei desideri, sogni e aspirazioni.

Quando poi parliamo del lavoro, quando scendiamo nel concreto delle azioni da compiere, è fondamentale avere obiettivi chiari, concreti, costruiti razionalmente con consapevolezza ma anche con la spinta emozionale dei desideri.

Possiamo quindi affermare che gli *obiettivi professionali* nascono principalmente da desideri e bisogni, cioè da:

- aspirazioni e desideri personali e familiari;
- necessità personali e familiari (costi e spese varie ecc.).

Quando abbiamo ben chiaro e *siamo consapevoli* di quanto sinora detto, molte nebbie si dissolvono. Quante volte, in quei momenti di sconforto dove tutto sembra fermo, dove nonostante gli sforzi profusi otteniamo scarsi risultati o quando ci coglie l'ansia dell'insuccesso, abbiamo pensato o detto: «Ma chi me lo fa fare?»

Proprio in quei momenti bisogna tirare fuori la forza di guardarci dentro, di riscoprire il "perché". Dobbiamo ritrovare in noi stessi la forza di fermarci un attimo e riflettere. Abbi il coraggio di fermarti, prenditi il tempo necessario! Non preoccuparti per il tuo futuro perché non esiste ancora!

Stai calmo. Riprendi il controllo della tua mente e usala ora... adesso!

Quando circa un anno fa mi venne l'idea di scrivere un manuale sulla vendita, ero davvero incerto riguardo gli argomenti da trattare.

Motivazione? Tecniche di vendita? Struttura e svolgimento della trattativa? Gestione post-vendita? Non sapevo davvero decidere su quale argomento scrivere per iniziare la mia nuova avventura di scrittore.

Durante una cena, circa sei mesi fa, accadde una cosa che davvero non mi sarei mai aspettato: un carissimo amico, anch'egli venditore e stimato professionista da molti anni, mi confidò, sull'orlo della disperazione, che non riusciva più ad andare avanti per la confusione che da troppo tempo regnava nella sua attività.

Per questa situazione si sentiva soffocare ogni giorno di più. Mi raccontò di essere assalito (proprio questo fu il termine che usò) continuamente da una sorta di angosciante preoccupazione per il futuro e da un'infinità di eventi negativi: clienti che lo chiamavano a ogni ora del giorno e della sera, compresa la domenica, clienti che si lamentavano ferocemente anche per futili motivi, una montagna di pratiche inevase nonostante passasse al lavoro anche dodici e più ore al giorno, l'azienda per la quale lavorava che lo pressava per i budget di vendita da tempo non raggiunti e infine – udite, udite – *non aveva più tempo per vendere!* Mi disse che non sapeva più cosa fare e, peggio ancor,a che non vedeva via d'uscita. In pratica era davvero sull'orlo della depressione.

Rimasi alquanto scosso. Proprio il mio carissimo amico Michele, da decenni professionista preparatissimo nel suo settore e stimato venditore, era caduto in una profonda crisi e non aveva più tempo per vendere? Com'è possibile che un venditore non abbia più il tempo per vendere?

Dopo essersi sfogato, mi chiese di aiutarlo a capire dove stava sbagliando. Fu durante i lunghi incontri che organizzammo nei giorni successivi e facendo insieme l'analisi della sua situazione generale che, improvvisamente, mi fu chiaro l'argomento che mi sarebbe piaciuto trattare nel mio libro: pianificazione e organizzazione della nostra attività professionale.

Nel frattempo, Michele, grazie e un piano risolutivo dettagliato, alla sua rinnovata e forte motivazione e al suo impegno, è tornato a essere il professionista che aveva dimenticato di essere, ottenendo risultati anche più importanti di quelli passati.

Ma cosa gli era successo? Semplice: non ricordava più i *perché* del suo lavorare e aveva smarrito i *metodi* di lavoro.

Quando mi fu chiaro quali fossero le problematiche del mio amico, usai subito con lui questa metafora:

- i tuoi *desideri* sono il "carburante";
- la tua *professione* è il "mezzo";
- i tuoi *obiettivi* sono le "mete" da raggiungere.

Solo coltivando i tuoi desideri, amando, conoscendo e curando la tua professione, arriverai ai tuoi obiettivi. Prova per un istante a pensare di vivere solo di desideri e non avere obiettivi. Saresti come il *sognatore*, il quale, continuando solo a sognare quello che vorrebbe, alla fine muore di fame perché non fa nulla per procurarsi ciò che gli serve per vivere.

Immagina ora di avere obiettivi chiari e perseguibili ma di non avere alcun interesse, nessuna motivazione al loro ottenimento perché non provi alcun desiderio che ti motivi a fare le cose necessarie per raggiungerli.

Prova a immaginare, infine, di essere motivato da forti desideri, di avere anche obiettivi più che chiari e precisi, ma di non avere alcun impiego o lavoro.

In ognuna delle tre ipotesi il finale per te non cambierebbe:

- nessuna azione = nessun risultato;
- nessun desiderio = nessun risultato;
- nessun lavoro = nessun risultato.

Molte persone con caratteristiche umane e professionali tali da renderle più che idonee alla carriera di venditori, dopo iniziali periodi di attività con livelli di entusiasmo altissimi, si sgonfiano come palloncini ad alta quota, cadono verso la rassegnazione e, convinti di non essere *portati* per la vendita, abbandonano il campo e rinunciano alla realizzazione dei loro sogni.

Secondo me, rinunciare ai propri sogni è uno dei più gravi crimini che l'essere umano possa commettere verso se stesso. Ma, attenzione ciò vale se – e solo se – la persona in questione è dotata di caratteristiche personali idonee (in questo caso alla vendita). Altrimenti vale il sacrosanto principio del *non siamo tutti uguali* e non tutti possiamo fare i medici, gli avvocati o... i venditori.

Dopo le considerazioni appena fatte, addentriamoci nel vivo della questione venendo al *come* costruire obiettivi motivanti e raggiungibili.

Facciamo un passo indietro e distinguiamo più nettamente le aspirazioni dagli obiettivi. Ho affermato che le aspirazioni sono i desideri, quello che ci piacerebbe essere o avere, e che gli obiettivi sono le mete, le destinazioni che, per definizione, sono: certe, sicure e precise. Quindi gli obiettivi del venditore sono i risultati ai quali vuole e decide di arrivare in quel dato momento perché sa che, una volta raggiunti, avrà ciò che gli serve per soddisfare i propri desideri e i propri bisogni. In altre parole, sarà soddisfatto e si sentirà bene.

Usando un'immagine tipica della navigazione, possiamo affermare che: una **rotta** è tracciabile quando:

- *sappiamo* esattamente dove siamo ora;
- *conosciamo* perfettamente le coordinate della meta da raggiungere;
- *possediamo* informazioni dettagliate sul tratto di mare che dobbiamo attraversare.

Questi tre punti mi permettono di introdurre quelle che sono le caratteristiche di un obiettivo. Un obiettivo *per essere definito tale* deve possedere queste quattro caratteristiche:

1. *specificità*: l'obiettivo deve investire un ambito preciso e individuabile;.
2. *misurabilità*: il raggiungimento dell'obiettivo deve essere sancito inequivocabilmente da un riscontro numerico e/o fattuale;
3. *attendibilità*: l'obiettivo deve essere realizzabile con le risorse che ci sono a disposizione e nei tempi previsti;
4. *compatibilità*: l'obiettivo deve essere compatibile con altri miei obiettivi e con gli obiettivi dell'azienda.

E ora vediamo nel dettaglio queste quattro caratteristiche dell'obiettivo.

Specificità

Un obiettivo dovrà riguardare un ambito preciso, specifico e individuabile dell'attività professionale (ad esempio la vendita, la formazione, la carriera). Per questo il venditore organizzato lavora raramente su un unico obiettivo. Ciò comporta la necessità di avere una visione d'insieme della professione stessa, al fine di rendere sinergici i vari obiettivi specifici facendoli, per così dire, confluire in un unico obiettivo composito.

Obiettivi specifici possono essere:

- nel prossimo mese l'obiettivo di *trattative* sarà...;
- al 31/12 il *numero* complessivo di clienti sarà...;
- il prossimo trimestre le *provvigioni* saranno di euro...;
- la prossima settimana l'obiettivo di offerte di xy sarà di...

L'estrema specificità dell'obiettivo, infine, rende molto più semplice individuare *cosa* fare, *come* farlo e *quando* farlo.

Misurabilità

L'obiettivo deve essere misurabile attraverso un riscontro *numerico* o *fattuale*. Il *riscontro numerico* è la misurazione attraverso parametri numerici di:

- provvigioni;
- numero di visite;
- trattative;
- telefonate;
- fatturato;
- numero clienti nuovi;
- media fatturato per contratto/ordine o altro.

Il *riscontro fattuale* è invece la misurazione, attraverso l'osservazione diretta, dell'esecuzione delle attività previste nella programmazione.

Attendibilità

L'obiettivo deve essere realizzabile con le risorse che ho a disposizione e in tempi stabiliti con precisione.

Facciamo alcuni esempi: è attendibile che possa andare da Milano a Roma in un'ora usando l'auto? È attendibile che tu da solo possa visitare 500 clienti in un mese? È attendibile che tu improvvisamente possa chiudere la vendita sul 60% delle trattative che farai se la tua media storica è del 25%?

L'attendibilità dell'obiettivo è un elemento importantissimo, in quanto tiene conto di due fattori basilari per il suo raggiungimento:

- l'attenta analisi delle risorse a tua disposizione;
- la concretezza dei risultati in relazione allo sfruttamento delle risorse a tua disposizione.

A loro volta, questi due fattori determinano la presa di coscienza che l'obiettivo sia raggiungibile e, allo stesso tempo, ti forniscono una carica auto-motivazionale molto alta e propulsiva per l'esecuzione delle attività che dovrai svolgere nel cammino verso la tua meta.

In definitiva, più sarai consapevole che con quello che hai a disposizione e con le tue capacità riuscirai a fare gol, maggiormente sarai motivato a *fare*, quindi a svolgere ogni attività con la massima concentrazione e determinazione.

Questa situazione psico-emotiva favorirà in te situazioni emozionali positive che innescheranno e potenzieranno nel tempo un fondamentale circolo virtuoso, che ho schematizzato come segue:

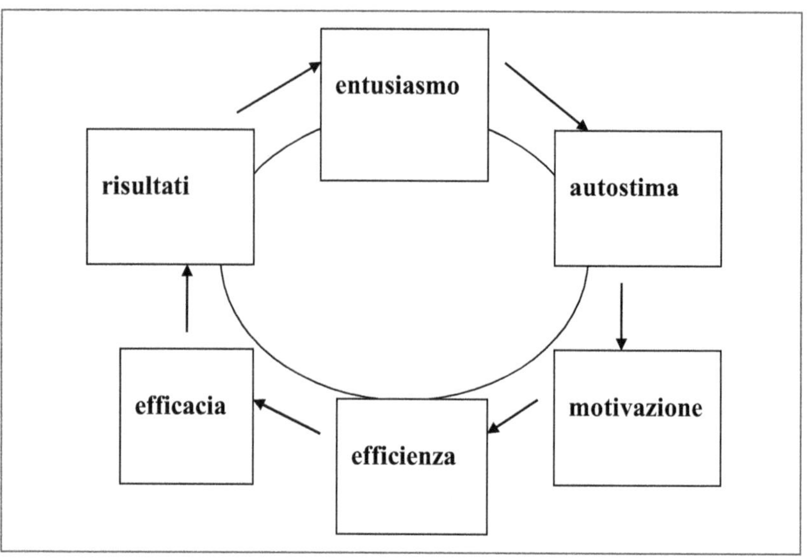

Se ti soffermi su questo semplice schema, potrai notare che ogni situazione espressa risulta essere causa della successiva. In altre parole, *l'entusiasmo* genererà *autostima* in quanto se sei entusiasta lo sei perché hai ottenuto risultati o sei consapevole e convinto di poterli ottenere; *l'autostima* genera *motivazione* per la sicurezza che ti infonderà nelle tue doti, capacità e possibilità; la *motivazione* genera *efficienza* nel fare le cose che devi fare e da questa deriva *l'efficacia* nel farle. Tutto questo porta ai *risultati* che, a loro volta, aumentano i livelli di *entusiasmo* e così via all'infinito.

Ora fai questo esercizio, che serve a fare il tuo *punto nave* interiore. Usa lo schema e analizza ogni aspetto riferito alla tua attività. Attribuisci un punteggio da 1 a 10 in base a come giudichi ogni aspetto dello schema per come lo vivi ora. Poi, calcola la media matematica che deriva dalla somma di tutti i valori.

Qual è il risultato? Se hai ottenuto una media sopra il 7, sei a un discreto livello di positività emozionale. Se la media è tra 5 e 7, hai bisogno di intervenire e aggiustare alcuni aspetti per ritrovare la giusta strada per il tuo successo. Se, invece, la media è sotto il 5, sei nella stessa condizione del mio amico Michele. Perciò fermati, studia attentamente questo manuale, applica quanto ti suggerisco e sii fiducioso, perché alla fine saprai esattamente cosa fare per ripartire con tutto quello che ti serve per ottenere ciò che vuoi.

Fai l'esercizio subito! Fermati e rifletti. Fai una sana e sincera autoanalisi. Ti fornirà un prezioso aiuto e vedrai che, nel prosieguo del libro, torneremo più volte su questi aspetti, perché, nella nostra professione di venditori dove tutto è influenzato e tutto influenza tutto, nulla si può definire a sé stante .

Scrivi tutto su un foglio, datalo e rifai l'esercizio dopo 60 giorni e ti accorgerai dei progressi enormi che avrai fatto.

Ogni aspetto del tuo lavoro è interconnesso agli altri e, in ogni minuto della giornata, hai bisogno di sapere, collegare e avere la padronanza assoluta di tutti gli aspetti che formano il meraviglioso quadro della tua attività. E sai perche? Perché quando sei nelle vendite, qualsiasi cosa tu venda hai sempre a che fare con altri esseri umani. Ecco perché torno spesso su aspetti che investono la sfera umana della nostra professione.

Frank Bettger, nel suo *Il venditore meraviglioso*, affermava: «Interessati sinceramente agli altri, saranno loro a dirti di che cosa hanno bisogno». A proposito, è un libro eccezionale che ogni venditore dovrebbe conoscere a fondo. Ti suggerisco caldamente la sua lettura e se l'avessi già letto, rileggilo! Ti farà sicuramente bene.

Compatibilità

L'obiettivo specifico deve essere compatibile con altri tuoi obiettivi personali e con quelli aziendali che ti possono essere assegnati.

Per quanto riguarda i tuoi obiettivi personali, se rientrasse nelle tue funzioni professionali l'assistenza clienti, essa richiederebbe una parte del tuo tempo quindi, nella definizione dell'obiettivo di *trattative* da effettuare per le vendite su clienti nuovi, dovrai tener conto di questo.

O ancora, nella *programmazione* delle attività dovrai tenere in considerazione il tempo necessario per il lavoro amministrativo, organizzativo, per la formazione, per le riunioni, per il tempo libero e per tutte le altre attività previste.

Altro aspetto della compatibilità è la relazione tra i tuoi obiettivi e gli obiettivi dell'azienda per la quale o con la quale operi. Se, ad esempio, la direzione pone dei budget di vendita di una linea di prodotti o di un nuovo servizio, dovrai allineare i tuoi obiettivi a quanto ti viene posto come richiesta aziendale per quel prodotto o per quel servizio, in quel determinato periodo.

Come puoi comprendere, anche per quanto riguarda la compatibilità dell'obiettivo risulta fondamentale avere la situazione generale il più possibile sotto controllo.

Otterrai dalle tue azioni quotidiane il massimo risultato possibile, solo se:

- hai ben chiaro dove ti trovi e in quale direzione vai;
- sei realmente consapevole delle risorse di cui disponi;
- calcolerai con precisione gli obiettivi.

SEGRETO n. 2: un obiettivo, per essere definito tale, deve essere: specifico, misurabile, attendibile, compatibile.

La costruzione dell'obiettivo

Finora abbiamo visto cos'è un obiettivo, da dove nasce e quali caratteristiche deve avere. Ora vedremo insieme come costruire un obiettivo, come costruirlo con le nostre misure, come renderlo nostro, vivo, stimolante, reale, raggiungibile, gratificante e soddisfacente per i nostri desideri e bisogni.

La costruzione di un obiettivo che sia S.M.A.C. passa attraverso alcune fasi ben definite:

- fase di analisi;
- fase di definizione delle aspirazioni e dei bisogni;
- fase di definizione di obiettivi S.M.A.C.

Fase di analisi

La fase di analisi consiste appunto nello studio approfondito di tutti gli aspetti dell'attività di vendita.

Analisi delle risorse:

1) risorsa tempo;
2) risorsa portafoglio clienti;
3) risorsa esperienza (dati storici personali);
4) altre risorse;
5) risorsa punti di forza;
6) risorsa punti deboli.

Analisi della risorsa tempo

L'analisi della risorsa tempo è un'operazione da svolgere con molta cura e attenzione poiché, pur nella sua semplicità esecutiva, diventa fondamentale per l'attendibilità dell'obiettivo. Il tempo è l'unica risorsa che abbiamo a disposizione che nessuno di noi può modificare.

Un giorno conta 24 ore e, tolte le ore da dedicare al sonno, alla cura personale e agli affetti, in quelle restanti abbiamo tutti un'infinità di cose da fare, tra le quali, per garantire il sostentamento a noi stessi e ai nostri cari, dobbiamo lavorare.

Tu venditore sei un libero professionista, un imprenditore, quindi sai, o dovresti sapere, che sei libero di lavorare anche più di otto ore al giorno. Sai benissimo che se davvero vuoi avere successo è necessario dedicare alla tua professione molto più del tempo di un lavoratore dipendente.

Tale constatazione nasce dal fatto che, in un'azienda organizzata, ogni dipendente assume compiti e mansioni specifici per la sua qualifica. Ad esempio ci sarà il quadro con mansioni direzionali, il capo reparto, il responsabile dell'ufficio, il magazziniere, l'operaio e così via. Se invece andiamo a verificare in quale situazione si trova il venditore, ci accorgiamo che si fa carico di molte funzioni e molti compiti i quali, tra l'altro, sono talmente diversi tra loro da richiedere davvero tanto studio, applicazione, capacità esecutive non comuni, ma anche tanto tempo!

Prova a pensare, ad esempio, all'attività di **vendita** e a quella di **programmazione**. Comprenderai subito che la loro esecuzione richiede competenze e abilità molto diverse, ma entrambe di tua esclusiva esecuzione e quindi, per ottenere i risultati desiderati, dovrai svolgerle con competenza, padronanza e qualità.

Tutte queste considerazioni ci servono per riflettere sull'indispensabile e corretta gestione del tempo, da attuarsi in considerazione delle diverse attività da svolgere, utilizzando gli appositi e indispensabili strumenti quali il planning settimanale e mensile e dando una destinazione temporale alle varie attività.

In concreto l'analisi della risorsa tempo è da farsi dividendolo tra:

- attività di vendita;

- pianificazione, programmazione, controllo, formazione, riunioni, report, amministrazione.

Solitamente, le attività del secondo punto sono inseribili nel planning settimanale, mensile o semestrale, in momenti temporali prefissati con poche possibili variazioni. Questo ti permette di avere, in tempo reale, il quadro generale dell'organizzazione e di quantificare immediatamente il tempo per vendere che hai a disposizione.

Analisi della risorsa portafoglio clienti

Se, come abbiamo visto, l'analisi della risorsa tempo è importantissima per garantirti l'efficienza della tua organizzazione del lavoro, l'analisi del portafoglio clienti è un'attività che incide profondamente nella qualità del tuo lavoro e di conseguenza nei risultati delle vendite.

Essa concorre, se svolta con la massima attenzione, all'ottenimento di un'*efficacia* molto elevata del tuo operare ed è di assoluta e *primaria importanza* per l'ottenimento dei tuoi obiettivi.

Quando si inizia l'attività di vendita, in ogni settore merceologico o dei servizi, il portafoglio clienti è costituito quasi sempre da elenchi di:

- Clienti **potenziali**:
    1. *sconosciuti* (clienti "freddi");
    2. *conosciuti*;
    3. *referenze*, le quali altro non sono che potenziali clienti presentati dai clienti attivi.
- Clienti **attivi**:
    1. *neo acquisiti*;
    2. *fidelizzati*.

Entrambi i settori del tuo portafoglio clienti si moltiplicheranno grazie alle attività di segmentazione che potrai fare in seguito. La segmentazione del portafoglio, infatti, è un'attività di marketing di fondamentale importanza per ottimizzare le proposte e le trattative di vendita ad azione mirata e ottenere, così, ottimi risultati.

Possiamo pertanto affermare, senza alcuna ombra di dubbio, che *quante più informazioni avremo del singolo cliente o di gruppi di clienti maggiore sarà la possibilità di vendita.*

Il lavoro di analisi del portafoglio clienti dovrà essere svolto con il costante utilizzo di strumenti informatici come database o schede elettroniche e/o strumenti cartacei raccolti in appositi archivi.

Tutti questi strumenti, da aggiornare sistematicamente, ti permetteranno di avere sempre notizie fondamentali su ogni tuo cliente o su gruppi di clienti. Lo studio di ogni singola posizione, infatti, ti permetterà di decidere *a priori* cosa dire, a chi dirlo, come dirlo e quando dirlo, preparando tutto a tavolino e programmando l'incontro in agenda.

Adesso fermati un po', rilassati e fai questo esercizio. Chiudi gli occhi e immagina di andare all'appuntamento con un cliente, immagina il luogo dell'incontro. Lo vedi a casa sua? Nel suo ufficio? In fabbrica? In negozio? Nel tuo studio? Quali suoni potrai sentire? Quali odori avvertirà il tuo olfatto?

Bene, ora che hai individuato tutto ciò, immagina di svolgere la tua trattativa: prova tutte le fasi, ascoltati parlare, annota mentalmente le obiezioni del cliente, osserva le sue resistenze, i suoi atteggiamenti, la comunicazione dei suoi gesti. Che sensazioni provi? Scrivi tutto e chiudi gli occhi, rilassati e vai avanti.

Ora valuta te stesso. Come ti vedi? Osservati. Sei impacciato? Impreparato? Padrone della situazione? Professionale? Come? Vai avanti, rimani con la mente sulla trattativa, il tuo obiettivo è concludere l'affare, trova le argomentazioni di vendita più idonee, usale. Immagina cosa può accadere e prosegui. Fai questo fino a quando non vedrai con gli occhi della tua mente il tuo cliente soddisfatto che appone la firma sul contratto e rilassati. Che sensazioni provi? Scrivi di nuovo tutto.

Ora, sempre tenendo gli occhi chiusi, gustati la soddisfazione, il godimento, l'entusiasmo della vendita realizzata. Godine pienamente e più a lungo che ti riesce.

Quanto è durato? Tre, forse cinque minuti? Il tuo cliente immaginario corrispondeva a una persona conosciuta, ho indovinato? Sai perché non era uno sconosciuto? Perché, abbiamo bisogno di informazioni! Anche per simulare un colloquio sono fondamentali!

Automaticamente hai visualizzato qualcuno che, poco o tanto, conosci già. Quindi facendolo potevi contare su una serie di informazioni che ti hanno permesso di rendere realistica, nella tua mente, quest'esperienza.

È un po' come se la nostra mente immaginasse di fare una partita a scacchi. Io che non so giocare a scacchi, però, non riesco a immaginare le mosse che farei in un'ipotetica partita, proprio perché non possiedo la necessaria conoscenza delle regole, quindi delle possibili dinamiche del gioco. Un bravo giocatore di scacchi, invece, si allena giocando molto contro se stesso!

La stessa cosa dovremmo fare, il più spesso possibile, noi venditori: provare a vendere qualche cosa a noi stessi. Ti sembra una cosa strana? Prova a farlo e, se puoi, fallo davanti a uno specchio. Sarai impressionato da ciò che vedrai e sentirai. Ovviamente ti sarà tanto, ma proprio tanto, utile.

È fondamentale che tu conosca il più possibile ogni tuo amato cliente.

SEGRETO n. 3: lo studio di ogni cliente ti permetterà di preparare la trattativa a tavolino e programmarla in agenda per decidere *a priori* cosa dire, a chi dirlo, come dirlo, quando dirlo.

Risorsa esperienza (dati storici personali)

L'analisi dei dati storici personali della tua attività di vendita è un'altra importante operazione per la costruzione di obiettivi attendibili. Disporre di database che contendono dati numerici di varia natura ti permette di costruire obiettivi concreti e raggiungibili.

Tuttavia, perché accade spesso che si stabiliscano obiettivi inattendibili? In genere qualsiasi sopravvalutazione, come qualsiasi sottovalutazione, diventano possibili quando:

- non siamo in possesso di dati storici consuntivi della nostra attività;
- siamo in possesso di dati raccolti o strutturati in modo poco ortodosso;
- non sappiamo interpretare i dati in maniera corretta.

Le tre possibilità esposte ci aprono ad alcune riflessioni su come attuare la raccolta dati di vendita. Prima di tutto, cosa dovresti desumere dalla lettura dei dati affinché la cosa divenga davvero utile allo scopo che stai perseguendo? Cosa ti servirebbe sapere per realizzare correttamente la costruzione di obiettivi **S.M.A.C.**?

La risposta investe due aspetti fondamentali della nostra professione, sulla base dei quali vanno costruiti gli strumenti per la raccolta dati. Questi aspetti sono:

- L'**efficienza nel** fare le cose. L'efficienza è il parametro che indica la propria capacità di fare, nei tempi preventivati, le attività stabilite nella programmazione.
- L'**efficacia del** fare le cose (risultati). L'efficacia invece è il parametro che indica la competenza e l'abilità nello svolgere le attività in programma, ottenendo o meno i risultati previsti.

SEGRETO n. 4: l'efficienza *nel* fare e l'efficacia *del* fare, sono i due parametri più importanti da monitorare per raggiungere il successo.

Gli strumenti utilizzati per la raccolta e la successiva analisi dei dati storici, dovranno tener conto di quanto appena trattato, permettendo quindi non solo una raccolta più completa possibile dei dati stessi, ma anche la loro lettura pratica e veloce che agevola la costruzione di obiettivi raggiungibili.

Altre risorse

In certi casi, nella nostra attività possono essere molto preziose altre risorse da utilizzare. Ogni venditore è sicuramente in grado di individuarle. Esse possono essere più o meno disponibili in base alla tipologia dell'azienda o dell'organizzazione aziendale nella quale e per la quale il venditore opera.

Proviamo a fare qualche esempio per chiarirci le idee su questo tipo di risorse:

- avere affiancamenti sul campo da parte di colleghi o ispettori aziendali è una notevole risorsa ed è da tenere in grande considerazione per la possibilità che offre di chiudere le vendite con maggior facilità;
- operare in aziende che attuano campagne pubblicitarie a sostegno delle vendite è per te una risorsa con grosse potenzialità;

- avere disponibilità di strumenti comunicativi (depliant, folder e altri) efficaci è una risorsa che puoi utilizzare direttamente con il cliente per chiudere la vendita con maggior facilità,
- avere a disposizione raccolte di articoli tratti dagli organi di stampa riguardanti i nostri prodotti/servizi può diventare, per te, una poderosa risorsa per convincere un cliente all'acquisto.

Questi sono solo alcuni esempi di risorse che un potresti avere a disposizione, oltre a quelle analizzate in precedenza, e bada bene che ogni risorsa può, in ogni momento, essere determinante per la chiusura di una vendita. Sta tutto alla tua attenzione, alla tua capacità di esserne o meno consapevole e, infine, alla tua fantasia commerciale che si esprime nella capacità di utilizzarle nel modo migliore e al momento giusto.

Risorsa punti di forza

L'analisi della risorsa punti di forza consiste nell'individuare quelle aree dove le tue abilità sono molto elevate. Conoscere con precisione quali sono i tuoi punti di forza ti permette di sfruttare al meglio le tue potenzialità. Viceversa non conoscerli significherebbe non sfruttarle appieno.

Se io non sapessi di poter correre i 100 metri in 9 secondi netti, pur sapendo di essere veloce nella corsa, perderei la possibilità di impormi come un campione della specialità.

Come posso sapere con certezza che sono bravo a chiudere le trattative di vendita su un certo target di clienti e sfruttare al massimo questo punto di forza?

La misurazione di questa mia competenza può essere fatta solo grazie a riscontri numerici. Pertanto, se nell'ultimo semestre ho fatto 60 vendite su 80 trattative, sono numeri che mi danno un'ottima percentuale di chiusura. Ecco perché l'analisi dei dati storici trattata nel paragrafo precedente è un punto di partenza per la tua crescita professionale.

Essere coscientemente consapevole dei propri punti forti non ti serve tanto a vantartene con te stesso e con gli altri, ma è invece indispensabile per ricordarti qual è stato il percorso che ti ha portato a tali risultati in quella determinata attività, e questo ti offre la possibilità di replicarlo nelle attività nelle quali, invece, i risultati non sono altrettanto lusinghieri (i tuoi punti deboli).

Inoltre, conoscere i tuoi punti forti ti serve a dare una direzione più precisa alla costruzione dei tuoi obiettivi. Infine, ti permette anche, quando è possibile, di metterti in luce con colleghi e superiori, instaurando scambi di competenze che possono accelerare processi formativi e addestrativi reciproci.

Puoi sviluppare ulteriormente la capacità di operare in un team, aumentando di molto la velocità della tua crescita professionale, con tutti i vantaggi produttivi che puoi avere e sfruttare.

Risorsa punti deboli

Per quanto riguarda i punti deboli chiamati, nel marketing, *aree di miglioramento*, la loro profonda conoscenza è altrettanto importante quanto quella dei punti forti di cui sopra.

Se riflettiamo attentamente, infatti, sapere che ottieni 2 appuntamenti su 10 telefonate fatte a questo scopo ti aiuta a impostare attività di autoformazione sull'esecuzione della telefonata, sui contenuti della comunicazione, sull'uso della voce, sulla giusta individuazione dei destinatari. Insomma, a innescare un processo di miglioramento che ti avvicinerà sempre di più all'eccellenza e a trasformare un punto debole in punto forte.

Fase di definizione delle aspirazioni e dei bisogni

Il *conto economico* risulta essere una pratica abbastanza semplice nella sua costruzione e compilazione. Tuttavia, possiamo affermare che, in genere, quando parliamo di numeri, e soprattutto quando i numeri sono trattati nel campo delle finanze, l'operazione deve essere svolta con molta cura.

Errori di valutazione o di calcolo portano, nel tempo, a situazioni di difficoltà più o meno gravi che, inevitabilmente, influiranno sul livello della tua serenità professionale. È chiaro quindi che la costruzione del tuo *conto economico* e il suo continuo monitoraggio è un altro fattore chiave per la definizione degli obiettivi.

Compresa l'importanza di questo fondamentale passaggio, andiamo ora a trattare la *compilazione* del conto economico. La costruzione del conto economico consiste nell'elencazione e nella somma di tutte le voci di spesa ordinaria in un dato periodo di tempo.

Il venditore, da buon professionista, andrà a considerare le voci di spesa su due fronti:

- le spese per l'area privata;
- le spese inerenti alla professione e al suo svolgimento.

Le *voci di spesa area privata* sono:

- affitto;
- rata del mutuo;
- vitto (spese alimentari e per la casa);
- utenze (energia elettrica, gas, telefono, rifiuti, altro);
- costi per riscaldamento (gasolio, gas, pellet, legna);
- vestiario;
- auto (bollo, assicurazione, manutenzione, carburante);
- cura della persona;
- salute e benessere;
- vacanze viaggi e svago;
- assicurazioni varie, rate prestiti, noleggi;
- altro.

Le *voci di spesa area attività professionale* sono:

- auto (bollo, assicurazione, ammortamento, carburante);
- cancelleria;
- telefonia;
- consulenti vari;
- contributi previdenziali;
- imposte e tasse;
- viaggi;
- assicurazioni;
- canoni leasing, noleggi;
- rate prestiti;
- interessi passivi su fidi;
- altro.

La somma delle voci di spesa delle due aree appena trattate corrisponde all'*obiettivo minimo* di incassi provvigionali da raggiungere, che potremmo anche definire *punto di pareggio*, un parametro molto importante nella vita di un'azienda.

Calcola subito il tuo conto economico. Se fino a oggi lo hai fatto in modo approssimato, avrai qualche sorpresa e sarà un enorme passo verso la consapevolezza delle tue reali esigenze finanziarie.

Sapere con esattezza quali sono realmente le tue esigenze di denaro ti permetterà di calcolare il tuo *punto nave* e tracciare, così, la giusta rotta per raggiungere la meta che ti sei prefissato.

Fase di definizione di obiettivi S.M.A.C.

Siamo arrivati finalmente a dare un volto ai nostri obiettivi S.M.A.C. Dopo aver compreso a cosa ci riferiamo con il termine obiettivo, aver sviluppato in dettaglio la fase di analisi e aver calcolato il *punto di pareggio*, adesso potrai individuare le mete che vuoi raggiungere.

Innanzi tutto devi definire l'*obiettivo minimo* che, facendo parte dell'ambito finanziario, è rappresentato da un ricavo in denaro e da una cifra che corrisponderà esattamente al fabbisogno finanziario emerso dal tuo *conto economico.*

Potrai poi implementare l'importo in oggetto aggiungendo somme di denaro destinate a soddisfare l'area del miglioramento di vita, quell'area che interessa i bisogni finanziari necessari a soddisfare desideri come una casa o una casa migliore, viaggi, vacanze, l'indipendenza economica, il disporre di una cospicua somma di denaro, l'auto dei sogni e ogni altra cosa tu possa desiderare.

SEGRETO n. 5: un conto economico minuziosamente calcolato è un deciso e sicuro passo in avanti per la definizione di obiettivi S.M.A.C.

RIEPILOGO DEL CAPITOLO 1:

- SEGRETO n. 1: gli obiettivi sono le mete alle quali sai di poter arrivare in un dato tempo, grazie alle risorse che possiedi.
- SEGRETO n. 2: un obiettivo, per essere definito tale, deve essere: specifico, misurabile, attendibile, compatibile.
- SEGRETO n. 3: lo studio di ogni cliente ti permetterà di preparare la trattativa a tavolino e programmarla in agenda per decidere *a priori* cosa dire, a chi dirlo, come dirlo, quando dirlo.
- SEGRETO n. 4: l'efficienza *nel* fare e l'efficacia *del* fare, sono i due parametri più importanti da monitorare per raggiungere il successo.
- SEGRETO n. 5: un conto economico minuziosamente calcolato è un deciso e sicuro passo in avanti per la definizione di obiettivi S.M.A.C.

CAPITOLO 2:
Come pianificare il raggiungimento di un obiettivo

L'obiettivo al quale sei arrivato è certamente *specifico* e *misurabile*, si tratta ora di renderlo **attendibile** e **compatibile**.

Ora che siamo in grado di definire obiettivi concreti, avendo fatto il *punto nave* e sapendo con esattezza quali sono le *risorse* sulle quali possiamo contare per arrivare alle mete prefissate, dobbiamo pianificarne il raggiungimento.

La pianificazione
Pianificare significa scegliere le strade da percorrere e le risorse da utilizzare per centrare i tuoi obiettivi.

Per fare questa operazione utilizzeremo un metodo che io definisco *retrorunning*, termine che ho preso in prestito da una disciplina sportiva, ancora poco conosciuta, che consiste nel gareggiare correndo all'indietro.

Correre all'indietro può sembrare un paradosso ma, al di là delle considerazioni scientifico-sportive in merito a questa specialità della corsa, in moltissimi campi della vita umana grandi scoperte o grandi realizzazioni sono state possibili grazie a un processo analitico in *retrorunning*.

Per comprendere meglio il concetto, possiamo prendere ad esempio quello che accadde nel settore bellico molti anni fa e che riguardò la ricostruzione della flotta navale statunitense dopo l'attacco giapponese di Pearl Harbour, durante la Seconda guerra mondiale.

In quella occasione la gran parte della flotta navale statunitense fu distrutta e la necessità della Marina degli Stati Uniti era quella di avere una flotta navale nuova in tempi record.

Si adottò quindi un piano industriale caratterizzato da una pianificazione e da una programmazione quasi maniacali che prevedevano, tra le altre cose, l'impossibilità di passare allo stadio costruttivo successivo se quello precedente non era stato perfettamente eseguito e completato in ogni minimo particolare.

Quindi, ogni fase costruttiva non correttamente e completamente eseguita, avrebbe ostacolato il prosieguo dell'opera e il raggiungimento dell'obiettivo nei tempi prestabiliti.

È assodato che la progettazione della colossale opera sia stata realizzata dai progettisti partendo dall'opera finita e andando a ritroso nei dettagli operativi e organizzativi della realizzazione.

Venne definito così un progetto curato in ogni più piccolo particolare: la definizione di tutti i materiali e di tutte le apparecchiature necessarie, il loro approvvigionamento, il calcolo delle risorse di uomini e mezzi e il loro impiego, l'organizzazione dell'indotto produttivo per tutto quello che non poteva essere realizzato nei cantieri e ogni altra funzione che poteva essere contemplata in un'attività industriale di tale portata.

La storia ci dice che l'impresa fu portata a termine con successo. Infatti, un'intera flotta di navi da guerra di diversa tipologia e stazza fu varata in pochi mesi.

Questo incredibile risultato permise agli Stati Uniti di affrontare la guerra con una flotta navale non solo numericamente imponente, ma anche tecnologicamente innovativa ed efficiente.

SEGRETO n. 6: pianificare significa scegliere le strade da percorrere e le risorse da utilizzare, definendo il piano nei minimi dettagli.

A questo punto, se ci rifletti un attimo, sarai in grado di comprendere quanti e quali vantaggi l'applicazione di simili metodi comporterebbe alla tua professione.

Immagina di avere un gruppo di persone che hanno progettato nel dettaglio quello che devi fare per raggiungere pienamente i tuoi obiettivi nei tempi da te fissati. Ore prova a pensare che devi solamente fare le cose che ti vengono indicate nel piano. Comodo no?

Devi sapere che quel gruppo di progettisti sei tu e nessun altro, nessuno meglio di te può redigere il tuo progetto, perché solo tu hai tutte le informazioni che lo rendono realizzabile.

Sei tu che devi metterti al lavoro e svolgere con diligenza e applicazione ma soprattutto passione, (sì, passione!) tutto il lavoro, da quello di ideazione a quello progettuale, per arrivare, alla fine, nel modo migliore che ti è possibile, all'esecuzione delle attività programmate.

In tutto ciò, sii certo che una corretta pianificazione è il lasciapassare sicuro per il tuo successo. Senza pianificazione, invece, i risultati che potrai ottenere saranno nulli o comunque scarsi di fronte a moli di lavoro eccezionali.

SEGRETO n. 7: la pianificazione è il vero, insostituibile, fondamentale punto di partenza per il raggiungimento degli obiettivi.

E ora passiamo a pianificare il tuo successo. Spiegare in poche righe cosa significa pianificare e offrire indicazioni tecniche o schemi operativi perfettamente delineati non è un'impresa semplice.

Infatti, per l'attività di vendita che, come abbiamo visto, presenta una miriade di elementi e dati da analizzare, competenze da utilizzare e attività totalmente diverse tra loro da svolgere, *pianificare* è davvero un compito impegnativo. Procederò, quindi, utilizzando il metodo discorsivo e, quando necessario, mi servirò di alcuni esempi. Pertanto ti invito a rapportare il tutto alla tua realtà commerciale e al settore nel quale svolgi la tua attività di vendita.

Abbiamo visto in precedenza che, quando hai ben chiaro il fabbisogno finanziario che ti permette di raggiungere il punto di pareggio (l'obiettivo minimo), in pratica hai già determinato l'obiettivo minimo provvisionale.

A questo punto, sapendo dai dati storici analizzati, quale sia la provvigione media per contratto:

- dividerai l'obiettivo provvigioni per la media provvigionale di un singolo contratto, ottenendo così *il numero dei contratti da realizzare*;
- conoscendo dai dati storici qual è la percentuale di successo sulle trattative di vendita, potrai calcolare il *numero delle trattative* per ottenere quel numero di contratti;

- arrivati ora al numero di trattative, e conoscendo perfettamente quale percentuale di trattative ottieni sul numero di contatti avuti, potrai calcolare il *numero preciso di contatti* che ti servono tra telefonate, visite dirette e altro.

Ricapitolando: il tuo percorso in *retrorunning* ti ha permesso, partendo dall'obiettivo, di arrivare con precisione aritmetica al numero dei *contatti* necessari per raggiungerlo.

Una volta arrivato a questo punto, sarà naturale per te porti una serie di domande come le seguenti:

- In relazione al tempo a disposizione, mi sarà realmente possibile attivare il numero di contatti calcolato?
- La mole di lavoro che si è delineata è davvero eseguibile, oppure il numero di trattative è troppo alto e non riuscirò mai a svolgerle?

E se le risposte che ti dai fossero negative che fai? Rinunci? Ti arrendi pensando che non ce la farai mai a fare tutte quelle cose e quindi a guadagnare quella cifra?

E se invece ti accorgessi che, grazie all'ottima analisi della risorsa tempo, forse ne hai sprecato troppo? Che ora, invece, incontrare tutta quella gente ti è realmente possibile e che, di conseguenza, le provvigioni incassate fino a ora sono una solo una parte di ciò che in realtà potresti guadagnare? Caspita!

Pensa che, se questo accadesse davvero, potresti porti obiettivi fantastici che fino a ieri erano solo sogni irrealizzabili! Bello no?

Qualsiasi risposta tu ti sia dato, è arrivato il momento di parlare di **strategie**, cioè di scelte studiate, consapevoli e oculate, basate su dati e non su sensazioni. È arrivato il momento, in questa fase, di usare le informazioni dedotte dalla fase di analisi nel suo complesso e i dati che abbiamo a disposizione.

Ipotizziamo che il numero di contatti calcolato, rapportato al tempo disponibile, sia troppo alto. Non devi certo ridimensionare l'obiettivo ma farti subito una domanda: «Come posso fare?» A questa domanda puoi rispondere decidendo quali strategie adottare.

SEGRETO n. 8: le strategie sono scelte oculate e consapevoli basate sull'interpretazione di dati oggettivi.

Strategia del target clienti

Se vai a rivedere i risultati dell'analisi del portafoglio clienti, ti salterà subito all'occhio che una concreta opportunità sta nella scelta del target di clienti che andrai a contattare.

In effetti, stando ai tuoi dati storici personali, di sicuro la percentuale di contratti su trattative e quella delle trattative prenotate sui contatti, sono molto più elevate sui clienti attivi rispetto a quelle sui clienti nuovi.

Sarà quindi necessario che tu scelga un numero di clienti attivi da visitare e, siccome abbiamo detto che li conosci, potrai addirittura mirare la trattativa per centrare la vendita di prodotti e/o servizi di cui loro hanno potenzialmente l'esigenza.

Strategia del prodotto/servizio

Prova adesso a cambiare il punto di osservazione della questione e risalire, grazie ai dati che hai analizzato, ai prodotti/servizi che possono riservarti livelli provvigionali più consistenti. Poi collegali a tipologie o gruppi di clienti che per conoscenza hanno potenzialmente bisogno di quei prodotti/servizi. Vedrai che un'azione mirata *prodotto/servizio-target cliente*, studiata a tavolino, diventa una strada percorribile e spedita con ottime possibilità di successo.

Strategia del miglioramento dei risultati

Questa è una strategia che dovresti sempre tenere operativa, soprattutto se i dati relativi all'efficacia del tuo fare fossero ancora bassi. Diventa fondamentale migliorare. Quindi potresti decidere di agire:

- chiedendo affiancamenti sul campo a colleghi o superiori ottenendo così due risultati insieme: formazione e aumento delle vendite su trattative eseguite da loro o da te supportate dalla loro attiva presenza;
- impostando la necessaria attività di studio per l'autoformazione con l'obiettivo di ridurre al minimo i punti deboli emersi in fase di analisi.

SEGRETO n. 9: quando ti trovi di fronte a ostacoli che sembrano insormontabili e ti poni la domanda: «Come posso fare?» arrivano certamente idee che puoi sviluppare velocemente in precise strategie operative.

RIEPILOGO DEL CAPITOLO 2:

- SEGRETO n. 6: pianificare significa scegliere le strade da percorrere e le risorse da utilizzare, definendo il piano nei minimi dettagli.
- SEGRETO n. 7: la pianificazione è il vero, insostituibile, fondamentale punto di partenza per il raggiungimento degli obiettivi.
- SEGRETO n. 8: le strategie sono scelte oculate e consapevoli basate sull'interpretazione di dati oggettivi.
- SEGRETO n. 9: quando ti trovi di fronte a ostacoli che sembrano insormontabili e ti poni la domanda: «Come posso fare?» arrivano certamente idee che puoi sviluppare velocemente in precise strategie operative.

CAPITOLO 3:
Come organizzare il lavoro

Una volta che hai definito l'obiettivo o gli obiettivi da raggiungere e hai pianificato le strade da percorrere attraverso la scelta delle strategie che ti sono parse più idonee, devi passare all'organizzazione delle attività da svolgere per arrivare alla tua meta.

SEGRETO n. 10: organizzazione significa programmare il lavoro da fare in funzione degli obiettivi da raggiungere.

Uno dei metodi che ho trovato più utili e proficui per organizzare il mio lavoro è quello che consiste nel dare risposta a quattro domande:

- Cosa fare?
- Come fare?
- Quando fare?
- Chi deve farlo?

Dare risposte a queste domande significa non solo definire nel dettaglio la singola attività da svolgere, ma anche deciderne i contenuti, i tempi e le metodologie di esecuzione e individuare l'esecutore. Ne risulterà un piano operativo molto preciso e dettagliato che, una volta messo in atto, porterà a risultati certi.

SEGRETO n. 11: per organizzare il lavoro devi dare risposta a quattro quesiti: Cosa fare? Come fare? Quando fare? Chi deve farlo?

Cosa fare?

Rispondere a questa domanda è il primo passo che devi compiere per arrivare al tuo successo. Dopo aver definito i tuoi obiettivi, aver pianificato le strade da percorrere per raggiungerli e aver individuato le strategie più consone da mettere in atto, devi ora individuare tutti i passi che ti porteranno alla meta. Si tratta di decidere cosa fare e stilare una checklist delle azioni da svolgere.

Quando in fase di pianificazione hai individuato le strategie che, ad esempio, ti porteranno a lavorare sul target clienti attivi del tuo portafoglio, diventa necessario che tu sappia con precisione cosa devi fare, quindi è indispensabile fare un elenco di attività che ti conducano a ottenere i risultati voluti.

Un esempio di cosa fare per attuare una strategia decisa potrebbe essere:

- determinazione dei parametri di scelta del cliente in base all'obiettivo di vendita, cioè: chi scegli e perché? (età, professione, esigenze, famiglia, figli, fidelizzazione, propensione all'acquisto, capacità di spesa ecc.);
- determinazione del numero dei clienti da scegliere in base al percorso in *retrorunning* (ricordi?);
- scelta dei clienti attivi che rispondano ai requisiti e costruzione dell'elenco con i riferimenti per contatto (telefono, email, indirizzo);
- divisione dell'elenco per gruppi omogenei (in base alle caratteristiche;
- preparazione dei contenuti della comunicazione da utilizzare per l'approccio (cosa dire?);
- divisione dell'elenco in contatti per settimana

Come vedi, si tratta proprio di un elenco delle cose da fare. Prova ora a pensare alla tua nave: devi condurla in quel dato porto, cioè la tua meta, ma cosa devi materialmente fare perché questo si verifichi?

- il rifornimento di carburante;
- i controlli e la manutenzione delle macchine;
- il rifornimento delle derrate alimentari per l'equipaggio;
- l'accensione dei motori;
- mollare gli ormeggi;
- far girare le eliche manovrando il timone.

Se non farai diligentemente attenzione alla corretta esecuzione di ogni attività, le possibilità che il viaggio ti riservi qualche sgradita sorpresa ci sono tutte.

Nel caso della tua professione è la stessa cosa. Ogni attività necessaria alla programmazione deve essere pensata e inserita nella checklist e poi svolta con la massima attenzione. Solo così potrai partire con il piede e la velocità giusti e navigare sereno verso i tuoi obiettivi.

Le azioni indicano le progressive tappe verso l'obiettivo. Esse permettono di scomporne la realizzazione in parti ben definite da affrontare separatamente, anche se fanno tutte parte dello stesso disegno.

SEGRETO n. 12: determinare le azioni da fare è il primo passo che devi compiere per arrivare al tuo successo.

Come fare?

Passiamo adesso a determinare lo svolgimento delle azioni previste nei contenuti e nei metodi. Ogni attività che svolgiamo nella nostra quotidianità può essere fatta in diversi modi.

Generalmente sono la cultura, gli insegnamenti ricevuti, le esperienze vissute, le abitudini acquisite nel tempo che ci fanno fare quella cosa in un modo piuttosto che in un altro, ma quando parliamo di lavoro, prima di fare qualsiasi cosa, dobbiamo decidere come farla.

Devi, infatti, pensare ai pro e ai contro come conseguenze del fare in un modo piuttosto che in un altro, perché lo scopo di operare per scelte è unicamente quello di ottenere, per le azioni che vai a svolgere, la più alta redditività. E quando parlo di alta redditività intendo l'ottenimento del maggior risultato possibile con il minor sforzo possibile.

Ecco quindi che, nella programmazione, il *come fare* assume un ruolo determinante per il successo della tua impresa.

Determinare il *come* svolgere le azioni necessarie e il loro contenuto è tutto sommato semplice, ma desidero mettere ancora una volta l'accento sulla necessità di avere a disposizione dati e considerazioni oggettive per rendere efficace questa fase del lavoro.

Quando il numero di trattative settimanali è da programmare in agenda, ti basterà evidenziare i tempi necessari sulla pagina stessa. Creerai così, *a priori*, la destinazione temporale degli appuntamenti da prenotare, organizzando, nel contempo, sia l'attività produttiva (vendite) sia le altre attività della professione.

Un esempio concreto di come stabilire i contenuti di un'attività riguarda la preparazione della comunicazione per l'approccio con il cliente (telefonata, visita diretta, e mail ecc.). In questo caso dovrai creare un elenco di argomentazioni alle quali il tuo cliente risulti sensibile per far sì che ti confermi con più facilità l'appuntamento.

Ma dovrai anche preparare l'elenco delle eventuali obiezioni che il cliente ti potrebbe porre. Devi dunque preparare le relative soluzioni da adottare per ottenere l'appuntamento che, in questa fase operativa, è il tuo reale obiettivo.

Ricorda che l'appuntamento è un obiettivo intermedio di fondamentale importanza il quale, una volta conquistato, ti avvicina moltissimo al tuo obiettivo finale: la vendita.

SEGRETO n. 13: quando sai cosa devi fare, prima di farlo devi decidere nei dettagli *come farlo*.

Quando fare?

Determinare fisicamente gli spazi in agenda per lo svolgimento delle azioni da fare ti permette di avere scadenze decise *a priori* secondo il tuo piano preciso.

Questa operazione ti offre l'opportunità di metterti nella condizione mentale di *essere tu a gestire gli eventi e non di essere gestito dagli eventi.* Allo stesso tempo, ti consente di dare seguito, con precisione ed efficacia, allo sviluppo operativo del tuo piano.

Di sicuro conosci persone che riescono a fare sempre tutto, che hanno un sacco di tempo libero per coltivare i loro hobby e dedicarsi agli affetti, che hanno attività che vanno a gonfie vele... Ma chi sono questi signori? Marziani? Esseri magici? Superuomini?

No di certo! Sono solo uomini organizzati e motivati da obiettivi precisi e concreti. Sono loro che gestiscono la loro vita, non gli impegni quotidiani a gestire loro. Avendo sempre in mano il pallino del gioco si godono la vita in ogni momento, rimangono concentrati sui loro obiettivi e li raggiungono sempre.

SEGRETO n. 14: determinare fisicamente gli spazi in agenda ti consente di gestire gli eventi e non di esserne gestito.

Chi lo fa?

Assegnare ad altri o a noi stessi compiti o attività chiari e definiti nei dettagli, con la relativa responsabilità di esecuzione, ti permette di essere più efficiente ed efficace nel tuo lavoro.

La possibilità di decidere chi fa cosa ti permette di raggiungere un notevole grado di libertà mentale. Infatti, quando deleghi un'attività, la tua mente si può occupare di altre cose. Nell'ambito della vendita, ad esempio, puoi dedicare le risorse mentali liberate dalla tua *creatività commerciale* in modo da ideare possibili nuove iniziative, concentrarti sulla tua clientela e svilupparla, ideare un'azione mirata su un target clienti specifico e così via. In sostanza, ti puoi dedicare di più a produrre di più.

SEGRETO n. 15: quando hai programmato o delegato un'attività, la tua mente si può occupare di altre cose.

RIEPILOGO DEL CAPITOLO 3:

- SEGRETO n. 10: organizzazione significa programmare il lavoro da fare in funzione degli obiettivi da raggiungere.
- SEGRETO n. 11 per organizzare il lavoro devi dare risposta a quattro quesiti: Cosa fare? Come fare? Quando fare? Chi deve farlo?
- SEGRETO n. 12: determinare le azioni da fare è il primo passo che devi compiere per arrivare al tuo successo.
- SEGRETO n. 13: quando sai cosa devi fare, prima di farlo devi decidere nei dettagli *come farlo*.
- SEGRETO n. 14: determinare fisicamente gli spazi in agenda ti consente di gestire gli eventi e non di esserne gestito.
- SEGRETO n. 15: quando hai programmato o delegato un'attività, la tua mente si può occupare di altre cose.

CAPITOLO 4:
Come svolgere le azioni programmate

In questo capitolo tratterò di alcuni argomenti di basilare importanza non solo per la professione del venditore ma, in generale, per ogni lavoro che l'uomo può svolgere nella vita.

Alcune considerazioni che farò su vari aspetti investiranno inevitabilmente anche l'ambito umano di ognuno di noi e, per questo, ti suggerisco di prendere quello che ti serve e farlo tuo. Ciò che non ti colpisce in positivo lascialo andare, andrà bene per altre persone.

Amore e passione per il lavoro

Mio padre mi diceva spesso quando ero bambino: «Ricordati sempre, figlio mio, che una delle più grandi fortune per un uomo è quella di fare nella vita il lavoro che gli piace fare».

Sfido chiunque a negare che questa sia una verità assoluta, ma molto spesso è altrettanto vero che, pur avendo questa fortuna, non si riesce ad amare la propria attività come si dovrebbe.

Accade quando, ad esempio, con il passare degli anni, con l'acquisizione di abitudini e stili di vita standardizzati, pur facendo un lavoro che ti piace arrivi a svolgerlo senza quell'entusiasmo che nei primi tempi ti avvolgeva con un'energia travolgente e ti spingeva verso risultati davvero brillanti.

Molte, troppe persone, passata la fase dell'entusiasmo, continuano a svolgere il proprio lavoro solo per i soldi e non più per il gusto di farlo.

SEGRETO n. 16: c'è una sottile ma fondamentale differenza, tra il lavorare per il denaro e lavorare amando il lavoro.

Questa differenza è determinata dai valori che ognuno di noi vive nel proprio intimo e che determinano, a loro volta, la sua personale filosofia di vita. Cambiare punto di vista rivedendo i propri valori significa cambiare totalmente la filosofia di vita.

Nella prima visione, *lavorare per il denaro*, il lavoro è solo un mezzo per procurarsi il tanto agognato denaro, pertanto la cosa primaria sarà fare quello che *bisogna fare* per avere il compenso che ci spetta.

Invece, nella seconda visione, *lavorare amando il lavoro*, il lavoro stesso viene vissuto in ogni istante con amore e passione e quindi l'ottenimento del denaro ne è solo la naturale conseguenza.

Voglio subito chiarire che non è mia intenzione esprimere giudizi di alcun genere sui due diversi modi di vedere le cose. È, infatti, come affermavo, una questione strettamente personale.

Posso comunque dire che nella mia esperienza professionale ho potuto osservare che spessissimo coloro i quali sono propensi a vivere la prima visione sono persone che nella vita sono portate a una costante insoddisfazione, che tendono a lamentarsi di tutto e di tutti con grande facilità e frequenza. Sono persone critiche sull'operato degli altri e fermamente convinte – e di solito se ne vantano anche – che solamente loro sanno *come si fa*.

Allo stesso tempo, credono anche che nessuno si meriti il loro sapiente apporto e quindi, se non sono in qualche modo costrette, non lo forniscono. Sono persone che amano giustificarsi per i risultati negativi o per gli errori commessi e che potrebbero scrivere libri interi di scuse o di alibi argomentati nel dettagli.

Per queste persone è sempre colpa di qualcun altro, di qualche sfortunata circostanza verificatasi nel mercato, nell'azienda, nel mondo, nella vita. A loro interessa solo arrivare al giorno dello stipendio o del saldo provvigioni: quello è il momento più importante, il momento in cui possono godere della vita.

Nel secondo caso, invece la persona gode di ogni attimo della vita. Durante la sua attività quotidiana assapora la serenità del suo lavorare svolgendo un'attività che ama e che gli offre la possibilità di proiettarsi verso una continua crescita umana e professionale.

Ad esempio, un venditore che ama davvero la sua professione non si esalterà per un buon risultato, come non si abbatterà per un insuccesso, ma cercherà di comprendere il perché dell'uno o dell'altro e, così facendo, sarà consapevole di dover svolgere con continua e minuziosa attenzione ogni singola attività e di dover vivere con questo intento ogni minuto, ogni ora, ogni giorno della propria vita.

Prova a pensare di fare tutto questo solo perché *bisogna,* non sarebbe davvero stressante e, forse, alla lunga, anche insostenibile?

Quando invece c'è l'amore, la passione per quello che fai per la realtà nella quale vivi, per i rapporti con le persone con cui hai a che fare, per il servire i tuoi clienti, tutto diventa meno pesante più leggero, più semplice. Ecco, forse non più facile, ma certamente più semplice, e la semplicità del vivere le situazioni quotidiane ti porta, quasi in automatico, serenità, fantasia, creatività, motivazione, concentrazione e azione. In una parola: risultati!

SEGRETO n. 17: puoi e devi decidere da quale punto di vista guardare il tuo lavoro, come vuoi essere e come vuoi vivere.

Gli animali agiscono in base a una cosa chiamata istinto. Noi invece possiamo scegliere, possiamo decidere se andare, dove andare e come andarci. Pensaci un attimo, non è incredibile?

Nessuno ti obbliga a essere come sei, tu puoi decidere di cambiare se lo desideri. Fai le cose che devi fare ma falle perché hai deciso tu di farle. Sii sempre presente nel qui e ora e guarda sempre con fiducia ai tuoi obiettivi. Ama il tuo lavoro, ama la vendita, ama gli altri, ama la vita e ama te stesso e ti saranno accessibili successi che mai hai pensato possibili.

L'etica professionale

Secondo la definizione filosofica di etica, si può affermare che, nei rapporti interpersonali, ognuno di noi dovrebbe fare tutto ciò che può per procurare il bene a se stesso e agli altri, chiunque essi siano.

Nella nostra società è molto difficile osservare questa semplice regola. La perdita di valori che regolavano i rapporti tra la gente fino ad alcuni decenni fa, insieme ai ritmi che scandiscono la nostra vita, hanno purtroppo contribuito a consolidare il principio cardine della moderna società: «Il meglio per me, e gli altri non sono affar mio, si arrangino».

So che fortunatamente non è sempre così, ma rifletti: non è questo un pensiero che qualche volta hai avuto anche tu?

Sono fermamente convinto che, in ogni professione o azienda, modelli di pensiero come questo possono fare danni ingenti. Prova a pensare a quella volta in cui il collega ti ha accusato, rivolgendosi ai superiori, di essere stato tu a commettere un errore mettendoti in cattiva luce agli occhi di altri colleghi e superiori.

Questo di certo può aver creato una serie di situazioni negative che ti hanno direttamente coinvolto e per eliminare le quali hai dovuto lottare con grande dispendio di preziose energie mentali ed emotive.

Oppure pensa a quella volta che, in una trattativa, hai considerato le provvigioni come la cosa più importante rispetto al bene per il tuo cliente, al quale poi hai *appioppato* qualcosa che non gli serviva come avrebbe dovuto.

In quel caso, l'etica professionale secondo cui hai agito non era certo volta a produrre il bene per l'altro, quindi non è stata eticamente positiva.

Se tu avessi ascoltato di più quella persona, probabilmente non avresti agito così, perché avresti compreso che quel prodotto non era l'ideale per lei/lui e avresti deciso, secondo una giusta etica, di fornirgli la soluzione più idonea, fidelizzandone maggiormente la fiducia. Come puoi pretendere che alla visita successiva quel cliente sia accogliente e disponibile? Pensaci!

SEGRETO n. 18: sviluppare l'empatia con il cliente ti aiuterà a vendere di più e meglio perché riuscirai sempre a capire cosa vuole e, di conseguenza, gli fornirai la soluzione più idonea alle sue esigenze.

Oggi si fa molta fatica ad *ascoltare*, e per ascoltare non intendo *sentire*. Ascoltare, infatti, significa porre attenzione, recepire e interpretare quanto l'altro ci sta dicendo e comunicando.

Per te venditore, ascoltare significa farti carico delle esigenze e dei problemi dei tuoi clienti, siano essi attivi o potenziali. I clienti sono la fonte del tuo reddito, sono la tua unica possibilità di realizzare i tuoi obiettivi, quindi ascoltali sempre attentamente.

Il ruolo

Una delle domande che da sempre pongo con assiduità a miei collaboratori è questa: «Perché una persona – o un'azienda o un ente – dovrebbe diventare un tuo cliente?»

Le risposte più immediate e comuni hanno quasi sempre riguardato:

- la validità dei prodotti;
- la serietà dell'azienda;
- la potenza del marchio;
- la propria capacità di seguire il cliente e offrirgli un buon servizio.

Queste sono buone risposte, ma di certo non bastano perché, in ogni caso, riguardano aspetti commerciali che sono propri anche della concorrenza. In definitiva non danno alcuna risposta alla necessità sempre più qualificante di differenziarsi dagli altri e quindi non aiutano a dare una connotazione chiara al tuo ruolo professionale.

Prova a pensare ad alcune professioni come il medico, l'avvocato o il notaio. L'identificazione del loro ruolo è immediata. Ma qual è il ruolo del venditore? Qual è il suo ruolo professionale?

La difficoltà di identificazione del tuo ruolo sta nel fatto che tutti possono aver bisogno dei professionisti citati e, nella necessità, saranno loro a cercarli. Per te, invece, vale l'esatto contrario: sei tu venditore che ti proponi al potenziale cliente e che cerchi con tutti i mezzi di dimostrargli che, se deciderà di acquistare tramite te, avrà vantaggi maggiori di quelli di cui gode adesso.

Questo tipo di approccio necessita, come abbiamo visto nei capitoli precedenti, di strategie e politiche commerciali molto sviluppate, di buona capacità di comunicazione, di un'ottima padronanza delle tecniche di vendita, di simpatia, empatia e quant'altro, ma *il vero segreto per chi desidera conquistare il cliente è, prima di tutto, sapere quale ruolo riveste nei suoi confronti e poi trasmetterlo chiaramente senza possibilità di incomprensione.*

Quando il tuo interlocutore/cliente saprà con certezza quale ruolo professionale eserciti nei suoi confronti, non avrà alcun dubbio di aver a che fare con un professionista che è lì per offrirgli i vantaggi che cerca. Pertanto deciderà più serenamente di diventare cliente, perché avrà compreso il principio del *co-interesse*, un principio per il quale non esiste un vincitore e un vinto ma due *co-vincitori*.

SEGRETO n. 19: se desideri davvero conquistare il tuo cliente, devi sapere con esattezza quale è il tuo ruolo nei suoi confronti, e devi trasmetterlo con chiarezza.

Quando il cliente ne comprende anche solo un barlume, decide sempre spontaneamente di *provare*. Ma provare cosa? I prodotti? Il servizio? La validità aziendale?

No, decide di provare a dare fiducia a te perché ha compreso che forse tu ti poni eticamente come pochi altri e potresti essere per lui la fonte di vantaggi che con altri non avrà.

In fondo, quando il cliente sa di aver bisogno di quel

prodotto/servizio, comprare da Tizio o da Caio è la stessa cosa, quindi per lui sarà più facile riporre la sua fiducia a chi dimostra di essere più professionale di un altro.

La stessa cosa, riferita al settore dei servizi piuttosto che alla vendita del prodotto, è un po' più complessa poiché molto spesso il venditore deve rendere concrete e sentite le cosiddette esigenze latenti, esigenze che il cliente ha, ma di cui spesso non è consapevole.

In conclusione, dovrai essere consapevole al 100% del tuo ruolo professionale nonché dei vantaggi che il cliente avrà da te rispetto alla concorrenza, qualora diventasse tuo cliente.

Più risposte riuscirai a dare alla domanda *perché quel potenziale cliente dovrebbe diventare un mio cliente?* più facile sarà per te definire il tuo *ruolo* e impostare una trattativa che ti permetta di coinvolgere il cliente i e diventare per lui un punto di riferimento fisso per i suoi acquisti.

Non vinci né perdi *contro* il cliente, tu vinci o perdi *assieme* al cliente. Quando ottieni la firma del cliente su un contratto, egli è vittorioso perché ha ottenuto dei vantaggi, compresa la tua professionalità. Tu invece sei vittorioso quanto e con lui perché hai centrato il tuo obiettivo. Quando invece questo non accade tutti e due perdete la partita. Chiaro no?

SEGRETO n. 20: tu non vinci o perdi contro il cliente, tu vinci o perdi assieme al cliente.

RIEPILOGO DEL CAPITOLO 4:

- SEGRETO n. 16: c'è una sottile ma fondamentale differenza, tra il lavorare per il denaro e lavorare amando il lavoro.
- SEGRETO n. 17: puoi e devi decidere da quale punto di vista guardare il tuo lavoro, come vuoi essere e come vuoi vivere.
- SEGRETO n. 18: sviluppare l'empatia con il cliente ti aiuterà a vendere di più e meglio perché riuscirai sempre a capire cosa vuole e, di conseguenza, gli fornirai la soluzione più idonea alle sue esigenze.
- SEGRETO n. 19: se desideri davvero conquistare il tuo cliente, devi sapere con esattezza quale è il tuo ruolo nei suoi confronti, e devi trasmetterlo con chiarezza.
- SEGRETO n. 20: tu non vinci o perdi contro il cliente, tu vinci o perdi assieme al cliente.

CAPITOLO 5:

Come gestire la fase di controllo

Bene, siamo arrivati all'ultimo capitolo nel quale tratterò una fase estremamente importante nel contesto di questo manuale. Mi riferisco all'ormai noto *fare il punto nave*, più comunemente conosciuto come *fase di controllo.*

Sappiamo, come abbiamo ripetutamente affermato, che durante la navigazione in mare aperto della nostra nave è necessario sapere sempre con esattezza dove siamo, per procedere poi verso la nostra meta nel rispetto dei tempi previsti.

Per te venditore si tratta in sostanza di effettuare il controllo delle azioni che hai fatto e di come lo hai fatto. Il *controllo* è un'operazione che devi eseguire con attenzione e con estrema precisione poiché, se lo facessi con superficialità e approssimazione, potresti essere deviato dalla giusta rotta e rischieresti di mancare il tuo obiettivo.

SEGRETO n. 21: devi eseguire il controllo con la massima attenzione per evitare possibili deviazioni dalla rotta verso i tuoi obiettivi.

In cosa consiste questa operazione così importante? *Nell'analisi di dati.* Ancora una volta ci troviamo a parlare della fase di *analisi.*

Una volta che avrai acquisito la capacità e l'abitudine di analizzare ogni cosa fatta, avrai un'arma poderosa per comprendere il perché delle conseguenze alle azioni che svolgi e, affinché il controllo diventi per te una sana e proficua abitudine, basterà che tu lo programmi in agenda con una cadenza fissa.

Facendo così, dopo un po' di tempo, tutto ciò diventerà anche una forma mentale che ti permetterà di analizzare automaticamente le attività che svolgi nel quotidiano. Ti verrà naturale, ad esempio, passare mentalmente e velocemente al setaccio un colloquio, una telefonata o una trattativa, cogliendo così, quasi in tempo reale, opportunità di miglioramento considerevoli e immediate.

SEGRETO n. 22: fare il controllo ogni settimana ti aiuterà anche a capire il perché dei tuoi risultati, siano essi soddisfacenti o meno.

Quali sono i dati che devi controllare? Quelli inerenti tutte le azioni eseguite durante la settimana appena conclusa.

Essi saranno relativi e indicativi alla *quantità* e alla *qualità* del lavoro che hai fatto, dove per quantità mi riferisco, ad esempio, al numero di telefonate fatte, al numero di trattative, al numero di chiusure, all'ammontare del fatturato, al numero di assistenze fatte, al numero di ore dedicate alle riunioni e di quelle dedicate alla formazione… in buona sostanza, alla *mole* di lavoro svolto.

Quando invece parlo di *qualità* i dati dovranno darti indicazioni sui risultati ottenuti dalle azioni svolte come, ad esempio, la media fatturato per contratto, la media provvigionale per contratto, la percentuale di trattative in relazione al numero di telefonate fatte per fissarle e così via.

SEGRETO n. 23: i dati da raccogliere saranno relativi alla quantità e alla qualità del lavoro svolto, cioè ai risultati che hai ottenuto.

Fare il *controllo* non è complesso e neppure difficile. Dopo un po' diventa un'operazione che svolgerai facilmente e in tempi relativamente brevi, a patto però che i dati da analizzare siano raccolti con raziocinio grazie a strumenti di facile compilazione e consultazione.

Il primo strumento che potrai utilizzare è una scheda per la raccolta dei dati *settimanali*, che dovranno poi confluire in una scheda progressiva del *mese*. Questo ti permetterà, alla fine del mese in questione, di analizzare i dati mensili nella loro completezza e potrai così programmare il mese successivo e ogni sua settimana.

Effettuare il *controllo* significa monitorare *la tua efficienza* nello svolgere le azioni programmate e *la tua efficacia* nello svolgere le azioni. Ti ricordo che entrambi gli aspetti sono sempre misurabili in termini numerici e percentuali.

Svolgere questa operazione significa capire se stai raggiungendo gli obiettivi S.M.A.C. che hai costruito. La sua esecuzione ti permette, inoltre, di identificare le aree di miglioramento su cui dovrai intervenire per migliorarti nell'ottica del raggiungimento dei tuoi obiettivi.

Ti suggerisco di ideare, in base ai parametri caratteristici del settore nel quale operi, alcune semplici schede per il riepilogo settimanale, per quello mensile e per la pianificazione delle vendite del mese successivo.

SEGRETO n. 24: effettuare il controllo significa monitorare l'efficienza che hai nello svolgere le azioni programmate e l'efficacia (risultati) che hai nello svolgere le azioni.

RIEPILOGO DEL CAPITOLO 5:

- SEGRETO n. 21: devi eseguire il controllo con la massima attenzione per evitare possibili deviazioni dalla rotta verso i tuoi obiettivi.
- SEGRETO n. 22: fare il controllo ogni settimana ti aiuterà anche a capire il perché dei tuoi risultati, siano essi soddisfacenti o meno.
- SEGRETO n. 23: i dati da raccogliere saranno relativi alla quantità e alla qualità del lavoro svolto, cioè ai risultati che hai ottenuto.
- SEGRETO n. 24: effettuare il controllo significa monitorare l'efficienza che hai nello svolgere le azioni programmate e l'efficacia (risultati) che hai nello svolgere le azioni.

Conclusione

Ho appena parlato degli strumenti per il controllo. Tali strumenti dovrebbero essere forniti dalla struttura commerciale dell'azienda con la quale tu collabori, ma non sempre ciò accade.

Solitamente, infatti, al venditore viene fornito materiale commerciale inerente a quello che deve vendere e materiale relativo ai corsi di formazione per la vendita ai quali ha partecipato.

Purtroppo, però, in numerose realtà aziendali la gestione organizzativa della sua attività è lasciata alla sua totale discrezione.

Negli ultimi anni ho avuto modo di conoscere, in veste di formatore esterno, alcune aziende di interessanti dimensioni che operano in Italia e che hanno filiali in diversi paesi europei. Queste aziende fornivano alla propria forza vendita ottimi materiali per la comunicazione, sia per qualità che per contenuti, ma nessun corso e nessuno strumento che potesse essere in qualche maniera utile ai propri venditori per l'organizzazione del proprio lavoro.

Situazioni come queste implicano aspetti che si ripercuotono, purtroppo in negativo, sulla produttività dei venditori e, di conseguenza, anche sui fatturati delle stesse aziende.

Aziende con un ottimo marketing, ma con reti di vendita scarsamente preparate nell'organizzazione del proprio lavoro e che operano in mercati ad alta potenzialità di fatturato, ottengono risultati sempre di molto inferiori alle potenzialità stesse, sprecando così risorse a volte inestimabili.

Generalmente, in organizzazioni di vendita dove non si attua una precisa politica dell'organizzazione del lavoro, si distinguono pochi membri del gruppo (i campioni) cheottengono risultati eccellenti, mentre tutti gli altri messi insieme raggiungono medie di produzione davvero insufficienti.

A questo punto viene da porsi un'ovvia domanda: «Perché nella nostra era, dove il marketing, in ogni settore, offre alle aziende possibilità di successo anche in tempi ridottissimi rispetto a quelli di un tempo, si trascura ancora così tanto l'organizzazione del lavoro della propria forza vendita?»

In effetti, se ci pensiamo, questo paradosso può sembrare un mistero ma, se guardo alle mie esperienze dirette, forse non lo è.

Uno dei motivi potrebbe essere che alla guida della rete vendite, in genere, troviamo manager preparatissimi ma che hanno avuto esperienze di vendita trascurabili.

Certo, il possibile scarso successo di un gruppo di venditori può non dipendere solo da questo, perché possono incidere molti fattori commerciali e gestionali, ma per quanto riguarda l'organizzazione del lavoro noi venditori siamo un po' come contadini ai quali un professore universitario voglia insegnare come coltivare i loro campi anche se non ci ha mai vissuto per più del tempo necessario a trascorrervi qualche breve periodo di vacanza.

Ovviamente, per chi vuole fare formazione al venditore, l'esperienza diretta sul campo (passatemi l'accostamento rurale) dovrebbe essere sufficiente a sapere cosa sta insegnando.

So che forse puoi non essere d'accordo con me, e so anche che corro il rischio di passare per quello che non valorizza la managerialità e la formazione manageriale, ma non è così. Sono invece un fervente sostenitore della cultura manageriale anche se il mio pensiero in merito alla questione non è il frutto di discussioni accademiche, ma di esperienze dirette.

Ho conosciuto tantissimi bravi professionisti della vendita gestiti da teorici che non avevano mai venduto uno spillo e ritengo che, per insegnare a chi lavora, si debba necessariamente, oltre alla cultura derivante dallo studio, aver acquisito anche la giusta dose di esperienza direttamente vissuta.

In qualunque situazione tu possa trovarti ora, la bella notizia è che, cominciando ad agire su te stesso e nell'organizzazione del tuo lavoro, seguendo e applicando il metodo che ti ho spiegato in questo manuale, puoi davvero ottenere risultati straordinari. E se lavorerai per te stesso e per i tuoi obiettivi sapendo cosa fare e come farlo, li otterrai sicuramente.

Se quello di cui hai bisogno non ti viene fornito, costruiscilo tu stesso, non importa se non è perfetto, la perfezione è un'illusione, lo migliorerai mano a mano che lo utilizzerai.

Ti confido che, se inizierai da subito ad attuare quanto detto in questo manuale, i tuoi obiettivi non solo saranno chiaramente delineati, ma lo diventeranno veramente nel tuo intimo e, ogni volta che li penserai, ti emozionerai, perché saranno carichi di significati che solo tu conosci.

Saranno gli obiettivi a dare corpo e forma ai tuoi desideri più forti, che ti motiveranno caricandoti come una molla pronta a scattare in ogni momento con una potenza inimmaginabile e, quando li raggiungerai, esploderai di gioia.

Saranno obiettivi che ti proietteranno verso una dimensione professionale a cui neppure immaginavi poter aspirare. Respirerai l'aria pura e inebriante degli altissimi livelli della gratificazione personale dai quali non vorrai più scendere. Crederai finalmente che tutto questo è possibile. Crederai pienamente in te stesso e nelle tue capacità.

Tornerai come quando eri bambino a essere umile, semplice, ma assetato di sapere, assetato di saper come fare, umile e consapevole di dover cercare e di poter trovare dentro di te le risposte e le motivazioni per poter riuscire.

L'entusiasmo che proverai sarà contagioso e lo trasmetterai a tutte le persone che incontrerai, porterai sempre con te positività e amore. Prenderai piena coscienza del percorso fatto sino a oggi, avrai finalmente fatto il *punto nave* e individuato i tuoi punti fermi. Saprai dove sei ora e, immediatamente, saprai se ti piace o se non ti piace e capirai cosa davvero vuoi dalla tua vita e dal tuo lavoro. E di sicuro arriverai dove tu hai deciso di arrivare!

Fai tutto ciò con gioia, con amore, con umiltà e i risultati saranno sopra ogni tua aspettativa.

Buon lavoro, buone vendite e… buona vita!

www.ingramcontent.com/pod-product-compliance
Ingram Content Group UK Ltd.
Pitfield, Milton Keynes, MK11 3LW, UK
UKHW022013190726
13853UKWH00005B/1915